CW0661406

Créé en 1932 par les frères Boone à Lembeke, un petit village des Flandres : l'Original Speculoos Lotus est, en trois générations, parti à la conquête du monde.

Son secret : un goût caramélisé unique et finement épicé par l'addition d'une pointe de cannelle allié à un croquant caractéristique reconnaissable entre mille ainsi qu'au savoir-faire des biscuitiers-pâtissiers Lotus qui ont su conserver la recette des origines.

Idéal en accompagnement du café, l'Original Speculoos Lotus a revêtu en 1958, lors de l'exposition universelle de Bruxelles, son légendaire habit rouge individuel qui orne les sous-tasses et préserve sa texture si appréciée. Du zinc de bistrot aux tables des restaurants les plus exigeants, il a conquis les professionnels de la restauration et tous leurs clients : chaque jour, plus de 450.000 tasses de cafés sont servies en France en arborant fièrement leur Original Speculoos Lotus.

Plébiscité par tous les gourmands, petits et grands, il a plus récemment conquis les chefs cuisiniers et pâtissiers qui lui ont conféré une place de choix dans leurs créations culinaires, tant son goût caramélisé et sa texture croquante se prêtent à de multiples et savoureux plats et desserts.

L'Original Speculoos Lotus a encore surpris en 2008 en se déclinant en une onctueuse pâte à tartiner : Idéale au petit-déjeuner comme au goûter, elle a aussi trouvé sa place dans la cuisine familiale au côté de l'Original Speculoos Lotus, élargissant ainsi le champs des recettes gourmandes.

L'Original Speculoos Lotus est aujourd'hui le fleuron de la Biscuiterie-Pâtisserie familiale Lotus Bakeries et est diffusé à travers le monde.

Le petit livre

SPECULOOS LOTUS®

BRIGITTE NAMOUR
Photographies de Lucie Cipolla

MARABOUT

SOMMAIRE

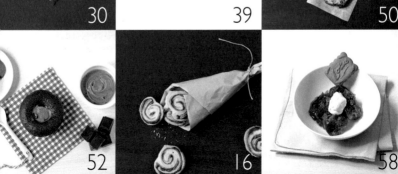

18

22

44

30

39

50

52

16

58

KIT FROMAGE BLANC

MASCARPONE CHOCOLAT BLANC AMANDES GRILLÉES

150 g de chocolat blanc, 3 cuillerées à soupe de crème fraîche, 250 g de mascarpone, 2 cuillerées à soupe de sucre en poudre, 30 g d'amandes grillées, 4 SPECULOOS LOTUS®

Faire fondre le chocolat blanc dans une casserole avec la crème fraîche. Hors du feu, ajouter le mascarpone et le sucre. Fouettez vivement puis répartir dans 4 petits bols. Réservez au frais. Faire griller les amandes à sec dans une poêle à revêtement antiadhésif. Mixer les SPECULOOS LOTUS® en poudre. Parsemer d'amandes effilées grillées et de biscuits en poudre.

COTTAGE CHEESE LEMON CURD

4 SPECULOOS LOTUS®, 250 g de cottage cheese, 3 cuillerées à soupe de lemon curd, quelques framboises fraîches

Placer les SPECULOOS LOTUS® dans le bol du robot et les mixer en poudre. Mélanger le fromage avec le lemon curd. Ajouter la poudre de SPECULOOS LOTUS® et mélanger grossièrement. Répartir dans 4 bols. Réserver au frais. Parsemer de SPECULOOS LOTUS® en poudre et décorer avec les framboises.

PETITS-SUISSES COULIS FRUITS ROUGES PISTACHE

30 g de pistaches non salées, 4 SPECULOOS LOTUS®, 8 petits-suisses, 2 cuillerées à soupe de sucre en poudre, coulis de fruits rouges

Placer les pistaches dans le bol du robot et les mixer en poudre. Faire de même avec les SPECULOOS LOTUS®. Battre les petits-suisses avec le sucre et les pistaches. Répartir dans 4 verres puis arroser de coulis sans lisser. Réserver au frais. Parsemer de SPECULOOS LOTUS® en poudre avant de servir.

FRAISES-SURPRISES

200 g de fromage blanc, 1 cuillerée à soupe de sucre en poudre, 1 cuillerée à soupe de gingembre en poudre, 6 SPECULOOS LOTUS®, 250 g de fraises

Dans une assiette creuse, battre le fromage blanc avec le sucre et le gingembre. Mettre les SPECULOOS LOTUS® dans le bol du robot et les mixer en poudre puis les verser dans une assiette. Laver et sécher les fraises sans ôter le pédoncule. Plonger chaque fraise aux trois quarts dans le fromage puis les rouler dans la poudre de SPECULOOS LOTUS®.

KIT BOISSONS

LAIT GLACÉ CAFÉ CRÈME
40 cl de lait, 2 cuillerées à soupe de pâte à tartiner SPECULOOS LOTUS®, 6 cuillerées à café de café soluble, 20 cl de crème liquide

Faire chauffer le lait avec la pâte de SPECULOOS LOTUS®. Dans un bol, diluer le café dans 5 cl d'eau chaude. Verser le lait, le café et la crème dans le bol du robot. Mixer puis réserver au frais pendant 2 heures avant de servir.

LAIT DE COCO FRAPPÉ BANANE
2 bananes, 60 cl de lait de coco, 2 cuillerées à soupe de pâte à tartiner SPECULOOS LOTUS®, 2 SPECULOOS LOTUS®, poudre de noix de coco

Éplucher les bananes et les couper en rondelles. Les placer dans le bol du robot avec le lait de coco et la pâte de SPECULOOS LOTUS®. Mixer finement puis verser dans un pichet. Réserver au frais 1 heure minimum. Réduire les SPECULOOS LOTUS® en poudre. Les mélanger avec la poudre de noix de coco. Verser le lait de coco à la banane dans le bol du robot, ajouter des glaçons et mixer. Répartir dans 4 verres. Saupoudrer de poudre de noix de coco et de SPECULOOS LOTUS®. Servir sans attendre.

LAIT CHAUD CHOCOLAT PRALINÉ
150 g de chocolat noir, 60 cl de lait, 2 cuillerées à soupe de pâte à tartiner SPECULOOS LOTUS®, 2 cuillerées à soupe de pralin, 1 SPECULOOS LOTUS®, 4 cuillerées à café de crème fraîche épaisse

Faire fondre le chocolat dans le lait en remuant sans arrêt. Ajouter la pâte de SPECULOOS LOTUS® et le pralin. Fouetter vivement pour faire mousser. Réduire le SPECULOOS LOTUS® en poudre. Répartir le lait dans 4 verres, déposer 1 cuillerée à café de crème fraîche et quelques miettes de SPECULOOS LOTUS® puis servir.

THÉ NOIR BRÛLANT AUX ÉPICES
2 cuillerées à soupe de thé noir de Chine, 1 cuillerée à soupe de pâte à tartiner SPECULOOS LOTUS®, 1 cuillerée à soupe de cardamome en poudre, 1 cuillerée à soupe de miel liquide, 10 cl de crème liquide

Faire frémir 50 cl d'eau chaude dans une casserole. Hors du feu, ajouter le thé. Couvrir et laisser infuser 5 minutes. Filtrer et reverser dans la casserole. Ajouter la pâte de SPECULOOS LOTUS®, la cardamome, le miel et la crème. Mélanger et porter à ébullition. Répartir dans 4 tasses et servir avec des SPECULOOS LOTUS®.

KIT FRUITS

ANANAS RÔTI & VANILLE
30 g de beurre, 450 g d'ananas en morceaux, 1 gousse de vanille, 4 SPECULOOS LOTUS®

Faire fondre le beurre dans une poêle et y mettre les morceaux d'ananas à dorer. Fendre la gousse de vanille en deux et l'ajouter dans la poêle. Mixer les SPECULOOS LOTUS® pour les réduire en poudre. Quand les morceaux d'ananas sont bien dorés, les répartir dans 4 verres et parsemer de SPECULOOS LOTUS® en poudre. Servir tiède ou froid, accompagné de glace vanille.

PURÉE DE MANGUES & MENTHE FRAÎCHE
2 mangues, 1 cuillerée à soupe de pâte à tartiner SPECULOOS LOTUS®, 2 branches de menthe fraîche, 2 SPECULOOS LOTUS®

Éplucher les mangues et prélever la chair. La couper en morceaux. Dans une casserole, faire fondre la pâte de SPECULOOS LOTUS® puis ajouter les morceaux de mangue et quelques feuilles de menthe ciselées. Cuire 2 minutes en mélangeant puis répartir dans 4 petits bols. Mixer les SPECULOOS LOTUS® pour les réduire en poudre. Parsemer de menthe fraîche ciselée et de miettes de SPECULOOS LOTUS®.

SALADE DE FRUITS D'HIVER BADIANE
1 pomme, 1 poire, 1 orange, 1 banane, 4 pruneaux, 2 citrons verts, 2 étoiles de badiane, 4 SPECULOOS LOTUS®

Éplucher les fruits et les couper en morceaux. Placer tous les fruits en morceaux dans un saladier et les arroser avec le jus des citrons. Ajouter les étoiles de badiane. Mélanger et laisser infuser 1 heure minimum. Concasser les SPECULOOS LOTUS®. Répartir la salade de fruits dans 4 verres en ajoutant les miettes de SPECULOOS LOTUS®.

COMPOTE DE PÊCHES & MIEL
1 kg de pêches jaunes, 1 cuillerée à soupe de miel liquide, 1 cuillerée à soupe de jus de citron, 3 SPECULOOS LOTUS®

Éplucher les pêches et les couper en morceaux. Les placer dans une casserole avec le miel et le jus de citron. Laisser compoter à feu doux 5 à 6 minutes. Réserver au frais. Mixer les SPECULOOS LOTUS® pour les réduire en poudre. Répartir la compote dans 4 petits bols et saupoudrer de SPECULOOS LOTUS®.

COOKIES AUX SPECULOOS LOTUS® & NOISETTES

15 MIN DE PRÉPARATION – 10 MIN DE CUISSON

POUR 4 PERSONNES

50 g de SPECULOOS LOTUS®

100 g de beurre demi-sel

150 g de noisettes entières

80 g de sucre en poudre

1 oeuf

100 g de farine

½ sachet de levure chimique

1- Préchauffer le four à 180-200 °C (th. 6). Placer les SPECULOOS LOTUS® dans le bol du robot et mixer pour les réduire en poudre.

2- Faire fondre le beurre au four à micro-ondes.

3- Concasser grossièrement les noisettes. Les faire griller à sec dans une poêle à revêtement antiadhésif.

4- Dans un saladier, mélanger le beurre et le sucre. Ajouter l'œuf puis la farine mélangée avec la levure sans cesser de remuer puis les SPECULOOS LOTUS® en poudre. Incorporer les noisettes et mélanger.

5- Faire des boules de pâte de 5 cm de diamètre environ et les déposer sur une feuille de papier cuisson en les espaçant bien. Aplatir légèrement avec le dos d'une cuillère. Enfourner et cuire 10 à 12 minutes. Laisser refroidir sur une grille.

MUFFINS PÊCHES & PISTACHE

15 MIN DE PRÉPARATION – 20 À 25 MIN DE CUISSON.

POUR 4 PERSONNES

50 g de SPECULOOS
LOTUS®

120 g de beurre demi-sel

2 œufs

100 g de sucre en poudre

1 yaourt nature

300 g de farine

½ sachet de levure
chimique

1 boîte de pêches
au sirop

30 g de pistaches
non salées

MATÉRIEL

moules à muffins

1- Placer les SPECULOOS LOTUS® dans le bol du robot et mixer pour les réduire en poudre. Préchauffer le four à 180-200 °C (th. 6).

2- Faire fondre le beurre au four à micro-ondes. Y verser les SPECULOOS LOTUS® en poudre et mélanger.

3- Dans un saladier, battre les œufs avec le sucre. Ajouter le yaourt. Incorporer la farine mélangée avec la levure puis le beurre aux SPECULOOS LOTUS®.

4- Couper les pêches en morceaux. Les ajouter avec les pistaches dans la préparation et mélanger.

5- Répartir dans les moules à muffins et enfourner. Cuire 20 à 25 minutes. Démouler tiède et laisser refroidir complètement.

BOUCHÉES AUX DEUX CHOCOLATS

15 MIN DE PRÉPARATION – 12 H DE REPOS

POUR 4 PERSONNES

60 g de SPECULOOS LOTUS®

200 g de chocolat noir

4 cuillerées à soupe de crème fraîche

200 g de chocolat blanc

1 cuillerée à soupe de pâte à tartiner SPECULOOS LOTUS®

MATÉRIEL

moules à chocolats

1- Placer les SPECULOOS LOTUS® dans le bol du robot et mixer pour les réduire en poudre.

2- Dans une casserole, faire fondre le chocolat noir coupé en morceaux avec 2 cuillerées à soupe de crème fraîche. Mélanger à la spatule puis lisser.

3- Verser un peu de chocolat fondu dans les moules à chocolats. Ajouter la moitié des SPECULOOS LOTUS® en poudre puis recouvrir de chocolat fondu. Tasser doucement puis recouvrir avec le reste de SPECULOOS LOTUS® en poudre. Réserver 12 heures au réfrigérateur.

4- Procéder de même pour le chocolat blanc.

5- Démouler les bouchées. Faire fondre la pâte de SPECULOOS LOTUS® à feu doux et en décorer les bouchées de chocolat.

TOURNICOTIS

15 MIN DE PRÉPARATION – 20 MIN DE REPOS – 10 MIN DE CUISSON

POUR 4 PERSONNES

2 cuillerées à soupe
de pâte à tartiner
SPECULOOS LOTUS®

1 pâte feuilletée

4 cuillerées à soupe
de lait

1- Étaler la pâte feuilletée sur le plan de travail. La tartiner
de pâte à tartiner SPECULOOS LOTUS®.
2- Rabattre les deux côtés de la pâte vers le centre. Faire
de même avec les deux autres côtés puis rouler la pâte
sur elle-même.
3- Envelopper dans du film alimentaire et réserver 20 minutes
au congélateur.
4- Préchauffer le four à 180-200 °C (th. 6).
5- À l'aide d'un couteau, couper la pâte en fines tranches et les
déposer sur une feuille de papier cuisson. Badigeonner de lait
à l'aide d'un pinceau et enfourner. Cuire 10 minutes. Laisser
refroidir sur une grille puis servir froid.

BLINIS AUX SPECULOOS LOTUS®

20 MIN DE PRÉPARATION – 5 MIN DE CUISSON

POUR 4 PERSONNES

50 g de SPECULOOS
LOTUS®

2 œufs

50 g de sucre en poudre

150 g de farine

une pincée de sel

30 g de beurre demi-sel

1- Placer les SPECULOOS LOTUS® dans le bol du robot
et mixer pour les réduire en poudre.
2- Séparer les blancs des jaunes d'œufs.
3- Dans un saladier, mélanger les jaunes d'œufs avec le sucre.
Incorporer la farine et les SPECULOOS LOTUS® en poudre.
Ajouter 20 cl d'eau froide et mélanger.
4- Battre les blancs en neige ferme avec une pincée de sel.
Les ajouter délicatement à la préparation.
5- Faire chauffer une poêle à blinis avec une noisette de beurre.
Verser 1 petite louche de pâte. Laisser cuire quelques minutes
de chaque côté. Répéter l'opération jusqu'à épuisement
de la pâte. Servir tiède avec de la crème fouettée et de la pâte
à tartiner SPECULOOS LOTUS®.

PÂTE DE SPECULOOS MAISON

5 MIN DE PRÉPARATION — 4 H DE REPOS

POUR I POT

200 g de SPECULOOS
LOTUS®

30 cl de lait concentré
non sucré

1 cuillerée à soupe
bombée de miel solide

½ cuillerée à café
de cannelle en poudre

I- Placer les SPECULOOS LOTUS® dans le bol du robot et mixer pour les réduire en poudre.
2- Ajouter le lait concentré, le miel et la cannelle puis mixer de nouveau jusqu'à obtenir une pâte lisse.
3- Verser dans un pot avec couvercle et réserver au frais 4 heures avant de déguster à la petite cuillère ou sur du pain grillé.

CRÈME AU LAIT, SPECULOOS LOTUS®
& GROSEILLES

10 MIN DE PRÉPARATION - 5 MIN DE CUISSON - 2 H DE REPOS

POUR 4 PERSONNES

30 g de SPECULOOS LOTUS®

40 cl de lait

20 g de Maïzena

20 g de sucre en poudre

1 cuillerée à soupe d'eau de rose

200 g de groseilles fraîches

1- Placer les SPECULOOS LOTUS® dans le bol du robot et mixer pour les réduire en poudre.

2- Dans une casserole, délayer la Maïzena dans un peu de lait froid puis verser le reste de lait et le sucre, petit à petit, tout en mélangeant.

3- Porter à ébullition puis laisser chauffer 5 minutes à feu doux pour que le mélange épaississe.

4- Ajouter l'eau de rose en fin de cuisson, mélanger et déposer 1 cuillerée à soupe de crème dans 4 petits bols. Ajouter quelques groseilles.

5- Recouvrir généreusement de SPECULOOS LOTUS® en poudre puis terminer en versant le reste de la crème. Réserver au frais 2 heures minimum. Parsemer de miettes de SPECULOOS LOTUS® et de groseilles puis servir.

PETITS POTS DE CRÈME AU CITRON

15 MIN DE PRÉPARATION - 15 MIN DE CUISSON – 2 H DE REPOS

POUR 4 PERSONNES

3 citrons

150 g de sucre en poudre

100 g de beurre demi-sel

1 cuillerée à soupe
de Maïzena

30 g de SPECULOOS
LOTUS®

1- Prélever le zeste des citrons puis les presser pour récupérer le jus.

2- Verser le jus de citron dans une casserole avec le sucre et le beurre coupé en morceaux. Mélanger.

3- Diluer la Maïzena avec 1 cuillerée à soupe de la préparation précédente puis l'ajouter.

4- Cuire à feu doux 15 minutes, en remuant régulièrement.

5- Verser la crème dans un saladier et la laisser refroidir complètement en mélangeant de temps en temps.

6- Répartir la crème aux trois quarts dans 4 petits verres et réserver au frais 2 heures minimum.

7- Placer les SPECULOOS LOTUS® dans le bol du robot et mixer pour les réduire en poudre.

8- Parsemer les crèmes de SPECULOOS LOTUS® en poudre puis servir.

CRÈME ANGLAISE AUX SPECULOOS LOTUS®

10 MIN DE PRÉPARATION – 10 MIN DE CUISSON – 1 H DE REPOS

POUR 4 PERSONNES

50 cl de lait

2 cuillerées à soupe
de pâte à tartiner
SPECULOOS LOTUS®

1 cuillerée à soupe
d'extrait naturel de vanille

6 jaunes d'œufs

110 g de sucre en poudre

1- Verser le lait et la pâte de SPECULOOS LOTUS® dans une casserole. Faire chauffer en mélangeant jusqu'à ce que la pâte soit dissoute. Ajouter l'extrait de vanille et mélanger de nouveau.

2- Dans un saladier, battre les jaunes d'œufs avec le sucre. Ajouter le lait chaud, tout en mélangeant.

3- Remettre la préparation dans la casserole et laisser chauffer à feu doux jusqu'à épaississement. Laisser refroidir puis réserver au frais 1 heure minimum.

4- Servir en accompagnement des petits coulants chocolat (recette p. 52).

CRÈME GLACÉE GINGEMBRE & SPECULOOS LOTUS®

15 MIN DE PRÉPARATION – 15 MIN DE CUISSON – 4 H DE REPOS

POUR 4 PERSONNES

4 jaunes d'œufs

100 g de sucre en poudre

40 cl de lait

1 cuillerée à soupe d'extrait naturel de vanille

200 g de SPECULOOS LOTUS®

20 cl de crème liquide

1 cuillerée à café de gingembre en poudre

sauce au chocolat pour le service

MATÉRIEL

moule à cake

1- Dans une casserole, battre les jaunes d'œufs avec le sucre. Ajouter le lait et l'extrait de vanille. Faire chauffer à feu doux jusqu'à ce que la préparation épaississe. Laisser refroidir.

2- Placer les SPECULOOS LOTUS® dans le bol du robot et mixer pour les réduire en poudre.

3- Ajouter la crème liquide bien froide, le gingembre en poudre et la poudre de SPECULOOS LOTUS®. Mélanger et verser la crème dans un moule à cake.

4- Réserver au congélateur 4 heures. Couper en tranches puis servir accompagné de sauce au chocolat.

MOUSSE AU CAFÉ & SPECULOOS LOTUS®

20 MIN DE PRÉPARATION – 4 H DE REPOS

POUR 4 PERSONNES

6 petits-suisses

2 cuillerées à soupe
de café soluble

2 cuillerées à soupe
de pâte à tartiner
SPECULOOS LOTUS®

4 blancs d'œufs

une pincée de sel

4 SPECULOOS LOTUS®

1- Dans un saladier, mélanger les petits-suisses avec le café puis avec la pâte de SPECULOOS LOTUS®. Lisser.

2- Battre les blancs d'œufs en neige ferme avec une pincée de sel. Les incorporer délicatement à la préparation en soulevant bien le mélange pour ne pas casser les blancs.

3- Réserver au frais 4 heures minimum et saupoudrer de de miettes de SPECULOOS LOTUS® avant de servir.

RIZ AU LAIT

10 MIN DE PRÉPARATION – 30 MIN DE CUISSON

POUR 4 PERSONNES

1 l de lait

3 cuillerées à soupe
de pâte à tartiner
SPECULOOS LOTUS®

200 g de riz rond

4 SPECULOOS LOTUS®

1- Dans une casserole, mélanger le lait avec la pâte
de SPECULOOS LOTUS® et porter à ébullition.
2- Verser le riz et mélanger. Cuire à feu doux pendant
30 minutes, en mélangeant de temps en temps.
3- Répartir le riz au lait dans 4 petits bols et laisser tiédir.
Servir tiède ou froid, parsemé de miettes de SPECULOOS
LOTUS®.

YAOURT MAISON AUX SPECULOOS LOTUS®

5 MIN DE PRÉPARATION – 9 H DE CUISSON – 4 H DE REPOS

POUR 8 YAOURTS

1 l de lait

2 cuillerées à soupe
de pâte à tartiner
SPECULOOS LOTUS®

1 yaourt nature

2 cuillerées à soupe
de lait en poudre

MATÉRIEL

yaourtière

I- Dans une casserole, faire chauffer le lait à feu doux et y faire
fondre la pâte de SPECULOOS LOTUS® en mélangeant sans
cesse et sans faire bouillir le lait.
2- Hors du feu, ajouter le yaourt et le lait en poudre. Mélanger
soigneusement puis verser la préparation dans les pots
à yaourt de la yaourtière.
3- Fermer le couvercle de l'appareil et laisser chauffer 9 heures.
4- Fermer chaque pot hermétiquement et réserver au frais
4 heures minimum.

PANNA COTTA SPECULOOS LOTUS®
& MANDARINES

10 MIN DE PRÉPARATION – 3 H DE REPOS – 5 MIN DE CUISSON

POUR 4 PERSONNES

4 clémentines

2 feuilles de gélatine

20 cl de lait

20 cl de crème liquide

1 sachet de sucre vanillé

30 g de SPECULOOS LOTUS®

1 cuillerée à soupe de sucre en poudre

1- Presser 3 mandarines pour récupérer le jus.

2- Mettre les feuilles de gélatine à ramollir dans un bol d'eau froide.

3- Dans une casserole, faire chauffer le lait. Essorer la gélatine et, hors du feu, la diluer au fouet dans le lait chaud.

4- Ajouter la crème liquide, le jus des mandarines et le sucre vanillé. Mélanger et répartir dans des petits verres aux trois quarts. Réserver 3 heures au réfrigérateur.

5- Placer les SPECULOOS LOTUS® dans le bol du robot et mixer pour les réduire en poudre puis en recouvrir les panna cotta.

6- Détailler la mandarine restante en quartiers. Les faire revenir à feu très doux dans une poêle à revêtement antiadhésif avec le sucre en poudre. Laisser les quartiers de mandarine se glacer de sucre et devenir brillants. Les déposer sur les crèmes puis servir.

TIRAMISU AUX SPECULOOS LOTUS®

20 MIN DE PRÉPARATION – 3 H DE REPOS

POUR 4 PERSONNES

200 g de chocolat noir

4 œufs

80 g de sucre en poudre

300 g de mascarpone

2 cuillerées à soupe
de rhum

une pincée de sel

2 cuillerées à soupe
de café soluble

200 g de SPECULOOS
LOTUS®

1- Faire fondre le chocolat au four à micro-ondes.

2- Séparer les jaunes des blancs d'œufs.

3- Dans un saladier, mélanger les jaunes avec le sucre,
le mascarpone et le rhum.

4- Battre les blancs en neige ferme avec une pincée de sel
et les ajouter délicatement à la préparation.

5- Verser le café dans une assiette creuse et ajouter un peu
d'eau tiède.

6- Couper trois quarts des SPECULOOS LOTUS® et les
tremper légèrement dans le café. Tapisser le fond de 4 verres
avec la moitié des biscuits imbibés. Recouvrir de chocolat
fondu puis de la moitié de la crème mascarpone-rhum.

7- Ajouter le reste des SPECULOOS LOTUS® au café puis
le reste de la crème. Réserver au frais 3 heures minimum.

8- Placer les SPECULOOS LOTUS® restants dans le bol
du robot et mixer pour les réduire en poudre. Parsemer
les tiramisus de SPECULOOS LOTUS® en poudre puis servir.

TRIFFLE

15 MIN DE PRÉPARATION - 1 H DE REPOS

POUR 4 PERSONNES

50 g de SPECULOOS
LOTUS®

120 g de mascarpone

150 g de fromage blanc

50 g de sucre glace

2 cuillerées à soupe
de jus de citron

250 g de fraises

4 cuillerées à soupe
de crème fraîche épaisse

1 sachet de sucre vanillé

1- Placer les SPECULOOS LOTUS® dans le bol du robot et mixer pour les réduire en poudre.

2- Dans un saladier, mélanger le mascarpone, le fromage blanc, le sucre glace et le jus de citron.

3- Laver les fraises et les équeuter. Les couper en deux si besoin.

4- Répartir quelques fraises et un tiers des SPECULOOS LOTUS® en poudre dans 4 verres. Couvrir avec le mélange au mascarpone. Ajouter des fraises et la moitié des SPECULOOS LOTUS® restants en poudre.

5- Fouetter la crème fraîche en chantilly avec le sucre vanillé.

6- Ajouter sur les verres. Décorer avec le reste des SPECULOOS LOTUS® en poudre et des fraises. Réserver au frais avant de servir.

MOELLEUX AUX POIRES ET AUX AMANDES

15 MIN DE PRÉPARATION – 45 MIN DE CUISSON

POUR 6 PERSONNES

50 g de SPECULOOS LOTUS®

125 g de beurre demi-sel

20 cl de lait

2 œufs

80 g de cassonade

250 g de farine

2 poires

60 g d'amandes effilées

MATÉRIEL

moule à manqué

1- Mettre les SPECULOOS LOTUS® dans le bol du robot et mixer pour les réduire en poudre. Préchauffer le four à 180-200 °C (th. 6).
2- Dans une casserole, faire fondre le beurre dans le lait à feu doux.
3- Dans un saladier, battre les œufs avec la cassonade et les SPECULOOS LOTUS® en poudre. Ajouter petit à petit la farine et le mélange lait-beurre.
4- Éplucher les poires et les couper en morceaux. Les ajouter à la préparation.
5- Beurrer un moule à manqué et y verser la pâte. Parsemer d'amandes effilées et enfourner. Cuire 45 minutes. Démouler tiède et servir froid.

PETITS CAKES MUESLI SPECULOOS LOTUS®

15 MIN DE PRÉPARATION – 20 À 25 MIN DE CUISSON

POUR 6 CAKES

20 cl de lait

125 g de beurre demi-sel

50 g de SPECULOOS
LOTUS®

2 œufs

100 g de sucre

300 g de farine

1 sachet de levure
chimique

150 g de muesli

MATÉRIEL

6 moules à cake
individuels

1- Préchauffer le four à 180-200 °C (th. 6).

2- Dans une casserole, faire tiédir le lait et y faire fondre
le beurre.

3- Mettre les SPECULOOS LOTUS® dans le bol du robot
et mixer pour les réduire en poudre.

4- Dans un saladier, battre les œufs avec le sucre. Ajouter
la farine mélangée à la levure en alternant avec le mélange
lait-beurre.

5- Incorporer les SPECULOOS LOTUS® en poudre puis
le muesli.

6- Répartir dans six moules individuels à cake beurrés
et farinés au préalable. Enfourner et faire cuire 20 à
25 minutes. Démouler tiède et servir froid.

MADELEINES AUX SPECULOOS LOTUS®

10 MIN DE PRÉPARATION – 1 H DE REPOS – 10 À 14 MIN DE CUISSON

POUR 20 MADELEINES

200 g de beurre demi-sel

1 cuillerée à café d'extrait naturel de vanille

3 œufs

100 g de sucre en poudre

200 g de farine

1 sachet de levure chimique

2 cuillerées à soupe de pâte à tartiner SPECULOOS LOTUS®

MATÉRIEL

moules à madeleines

1- Faire fondre le beurre au four à micro-ondes. Hors du feu, ajouter l'extrait de vanille.

2- Dans un saladier, battre les œufs avec le sucre. Ajouter la farine mélangée à la levure puis le beurre fondu. Lisser la pâte et couvrir d'un film alimentaire. Réserver 1 heure au réfrigérateur.

3- Préchauffer le four à 240-250 °C (th. 7).

4- À l'aide d'une cuillère, remplir à moitié les moules à madeleines. Ajouter une petite cuillerée à café de pâte à tartiner SPECULOOS LOTUS® sur chaque empreinte.

5- Enfourner et cuire 5 à 7 minutes puis baisser la température à 200 °C (th. 6) et poursuivre la cuisson 5 à 7 minutes.

GÂTEAU AUX POMMES, MIEL
& SPECULOOS LOTUS®

15 MIN DE PRÉPARATION – 20 À 25 MIN DE CUISSON

POUR 6 PERSONNES

50 g de SPECULOOS
LOTUS®

2 œufs

2 cuillerées à soupe
de miel liquide

1 yaourt nature

200 g de farine

1 cuillerée à café
de levure chimique

5 cl d'huile

2 pommes

MATÉRIEL

moule carré

1- Préchauffer le four à 180-200 °C (th. 6).
2- Placer les SPECULOOS LOTUS® dans le bol du robot
et mixer pour les réduire en poudre.
3- Dans un saladier, battre les œufs avec le miel. Ajouter
le yaourt puis les SPECULOOS LOTUS® en poudre. Mélanger.
4- Incorporer la farine mélangée avec la levure puis l'huile.
Lisser la pâte.
5- Éplucher les pommes et les couper en petits morceaux.
Les ajouter à la pâte et mélanger.
6- Verser dans un moule carré préalablement beurré et
légèrement fariné. Enfourner et cuire 20 à 25 minutes.
Démouler tiède et servir froid.

GÂTEAU MARBRÉ

30 MIN DE PRÉPARATION – 45 MIN DE CUISSON

POUR 6 PERSONNES

180 g de beurre demi-sel

1 cuillerée à soupe
de rhum

3 œufs

180 g de sucre en poudre

10 cl de crème liquide

250 g de farine

1 sachet de levure
chimique

une pincée de sel

50 g de SPECULOOS
LOTUS®

MATÉRIEL

moule à cake

1- Préchauffer le four à 180-200 °C (th. 6).

2- Faire fondre le beurre au four à micro-ondes. Ajouter le rhum
et laisser tiédir.

3- Séparer les blancs des jaunes d'œufs.

4- Dans un saladier, battre les jaunes d'œufs avec le sucre.
Ajouter le beurre et la crème liquide. Mélanger puis ajouter
petit à petit la farine et la levure mélangées.

5- Monter les blancs en neige ferme avec le sel. Les incorporer
délicatement à la pâte.

6- Placer les SPECULOOS LOTUS® dans le bol du robot
et mixer pour les réduire en poudre. Répartir la pâte dans
2 saladiers. Dans l'un, ajouter les SPECULOOS LOTUS®
en poudre.

7- Beurrer et fariner légèrement un moule à cake. Verser
en alternant les deux préparations.

8- Enfourner et cuire 45 minutes. Vérifier la cuisson en plantant
la lame d'un couteau dans le gâteau : elle doit ressortir propre.
Démouler tiède et servir froid.

Oh my

Cake

PETITS COULANTS CHOCOLAT & SPECULOOS LOTUS®

10 MIN DE PRÉPARATION – 10 MIN DE CUISSON

POUR 4 PERSONNES

3 cuillerées à soupe
de pâte à tartiner
SPECULOOS LOTUS®

80 g de beurre demi-sel

200 g de chocolat noir

4 œufs

90 g de sucre en poudre

2 cuillerées à soupe rases
de farine

MATÉRIEL

moules à muffins

1- Préchauffer le four à 240 °C (th. 7).
2- Déposer des petites noix de pâte à tartiner SPECULOOS LOTUS® sur une assiette recouverte d'une feuille de papier cuisson. Réserver au congélateur.
3- Dans une casserole, faire fondre le beurre avec le chocolat.
4- Dans un saladier, battre les œufs avec le sucre. Ajouter la farine puis le beurre chocolaté. Lisser la pâte.
5- Répartir dans des moules à muffins en les remplissant aux trois quarts. Ajouter 1 noix de pâte à tartiner SPECULOOS LOTUS® congelée au centre de chacun.
6- Enfourner et cuire 10 minutes. Démouler délicatement et servir aussitôt.

TARTELETTES BANANE & SPECULOOS LOTUS®

15 MIN DE PRÉPARATION – 20 MIN DE CUISSON

POUR 4 PERSONNES

30 g de SPECULOOS LOTUS®

1 pâte sablée

2 cuillerées à soupe de crème fraîche

2 bananes

2 cuillerées à soupe de cassonade

beurre demi-sel

MATÉRIEL

4 moules à tartelettes

1- Préchauffer le four à 180-200 °C (th. 6).
2- Placer les SPECULOOS LOTUS® dans le bol du robot et mixer pour les réduire en poudre.
3- Étaler la pâte sablée sur le plan de travail et découper 4 fonds de tarte un peu plus grands que les moules à tartelettes. Garnir les moules avec les ronds de pâte. Les piquer avec une fourchette.
4- Mélanger la crème fraîche avec les SPECULOOS LOTUS® en poudre. La répartir sur le fond des tartelettes.
5- Éplucher les bananes et les couper en fines rondelles. Les disposer sur les fonds des tartelettes.
6- Saupoudrer de cassonade et de copeaux de beurre. Enfourner et cuire 20 minutes. Démouler tiède et servir froid.

SPECULOOS

TARTELETTES TOUT SPECULOOS LOTUS®

20 MIN DE PRÉPARATION – 30 MIN DE REPOS – 20 MIN DE CUISSON

POUR 4 PERSONNES

LA PÂTE

8 SPECULOOS LOTUS®

220 g de farine

100 g de beurre

5 cl d'eau

une pincée de sel

LA GARNITURE

120 g de SPECULOOS
LOTUS®

3 œufs

30 g de sucre en poudre

1 cuillerée à soupe
de rhum

MATÉRIEL

4 moules à tartelettes

LA PÂTE
1- Placer les SPECULOOS LOTUS® dans le bol du robot et mixer pour les réduire en poudre. Ajouter la farine, le beurre coupé en morceaux, 5 cl d'eau et le sel.
2- Mélanger puis former une boule de pâte. Envelopper dans du film alimentaire et réserver 30 minutes sous un torchon au frais.

LA GARNITURE
1- Placer les SPECULOOS LOTUS® dans le bol du robot et mixer pour les réduire en poudre.
2- Préchauffer le four à 180-200 °C (th. 6).
3- Aplatir la pâte au rouleau et garnir 4 moules à tartelettes préalablement beurrés et légèrement farinés. Piquer la pâte à la fourchette.
4- Dans un grand bol, mélanger les œufs, le sucre, les SPECULOOS LOTUS® en poudre et le rhum. Verser dans les 4 moules et enfourner. Cuire 20 minutes. Démouler tiède et servir froid avec de la crème fraîche fouettée.

SPECULOOS

CRUMBLE AUX FIGUES

10 MIN DE PRÉPARATION – 30 MIN DE CUISSON

POUR 6 PERSONNES

100 g de SPECULOOS LOTUS®

12 figues fraîches

100 g de farine

100 g de beurre demi-sel

50 g de sucre en poudre

MATÉRIEL

plat à gratin

1 - Préchauffer le four à 180-200 °C (th. 6).
2 - Placer les SPECULOOS LOTUS® dans le bol du robot et mixer pour les réduire en poudre fine.
3 - Laver et essuyer les figues. Les couper en rondelles et les mettre dans un plat à gratin.
4 - Dans un saladier, mélanger avec les doigts la farine, les SPECULOOS LOTUS® en poudre, le beurre et le sucre afin d'obtenir une pâte granuleuse.
5 - La répartir sur les figues et enfourner. Cuire 30 minutes. Servir tiède, accompagné de crème fraîche.

GRATIN DE FRAMBOISES

10 MIN DE PRÉPARATION – 10 MIN DE CUISSON

POUR 4 PERSONNES

30 g de SPECULOOS
LOTUS®

400 g de framboises
fraîches

2 œufs

20 cl de crème liquide

1 cuillerée à soupe
de sucre vanillé

MATÉRIEL

4 ramequins individuels

1- Placer les SPECULOOS LOTUS® dans le bol du robot
et mixer pour les réduire en poudre.
2- Répartir les framboises dans 4 petits ramequins sur deux
rangées d'épaisseur. Parsemer de SPECULOOS LOTUS®
en poudre.
3- Dans un bol, mélanger les œufs avec la crème liquide
et le sucre vanillé. La verser dans les ramequins.
4- Enfourner et cuire 10 minutes sous le gril du four.
Servir tiède ou froid.

BILLES DE ROQUEFORT À LA POIRE
& AUX SPECULOOS LOTUS®

10 MIN DE PRÉPARATION – 1 H DE REPOS

POUR 4 PERSONNES

100 g de SPECULOOS
LOTUS®

1 poire

250 g de roquefort

1 cuillerée à soupe
de crème fraîche épaisse

1- Placer les SPECULOOS LOTUS® dans le bol du robot
et mixer pour les réduire en poudre. Verser dans une assiette.
2- Éplucher la poire et la couper en petits morceaux.
3- Écraser le roquefort à la fourchette dans une assiette avec
la crème fraîche. Travailler de façon à obtenir une pâte lisse.
4- Rouler chaque morceau de poire dans le roquefort.
Faire rouler le morceau pour l'égaliser et l'arrondir.
5- Rouler ensuite chaque morceau dans les SPECULOOS
LOTUS® en poudre. Réserver au frais 1 heure minimum.
Servir à l'apéritif avec un verre de vieux banyuls ou en fin
de repas avec une salade aux noix.

REMERCIEMENTS

L'auteur remercie toute l'équipe de Marabout ainsi que Lucie Cipolla
pour son aide précieuse.

Avec la collaboration de LOTUS® BAKERIES .
Tous droits réservés. Toute reproduction ou utilisation de l'ouvrage sous quelque forme
et par quelque moyen électronique, photocopie, enregistrement ou autre que ce soit
est strictement interdite sans l'autorisation de l'éditeur.

Shopping : Lucie Cipolla
Suivi éditorial : Marie-Eve Lebreton
Relecture : Véronique Dussidour
Mise en pages : Gérard Lamarche

© Hachette Livre (Marabout) 2011
ISBN : 978-2-501-07454-4
4100798/**06**
Achevé d'imprimer en octobre 2011
sur les presses d'Impresia-Cayfosa en Espagne
Dépôt légal : Novembre 2011

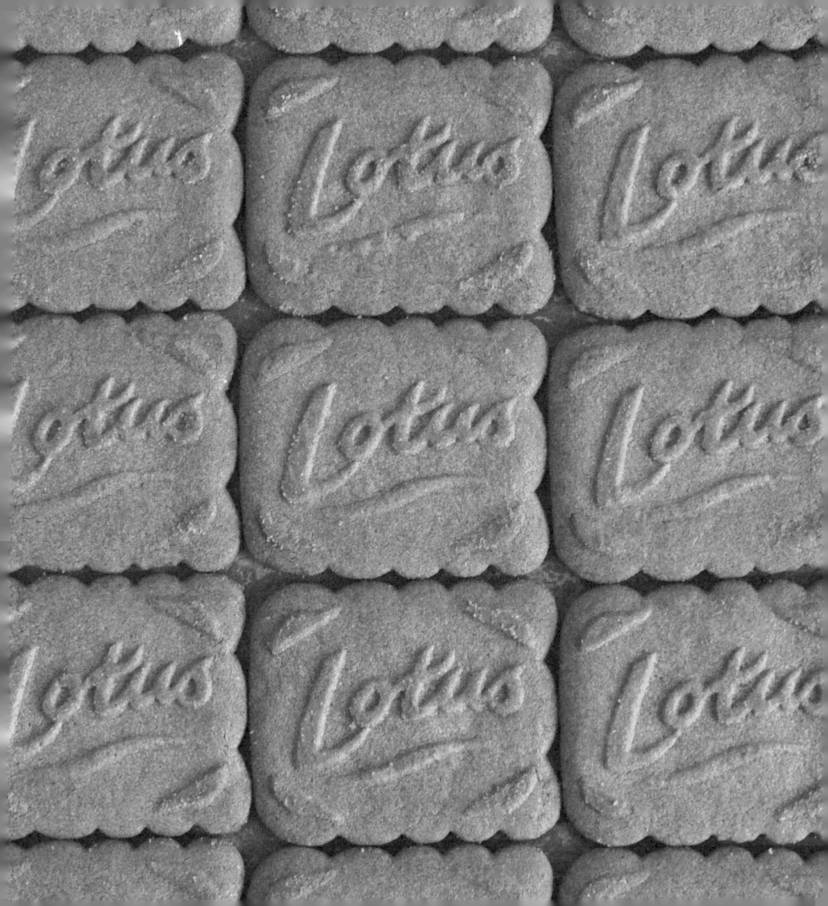
Lotus

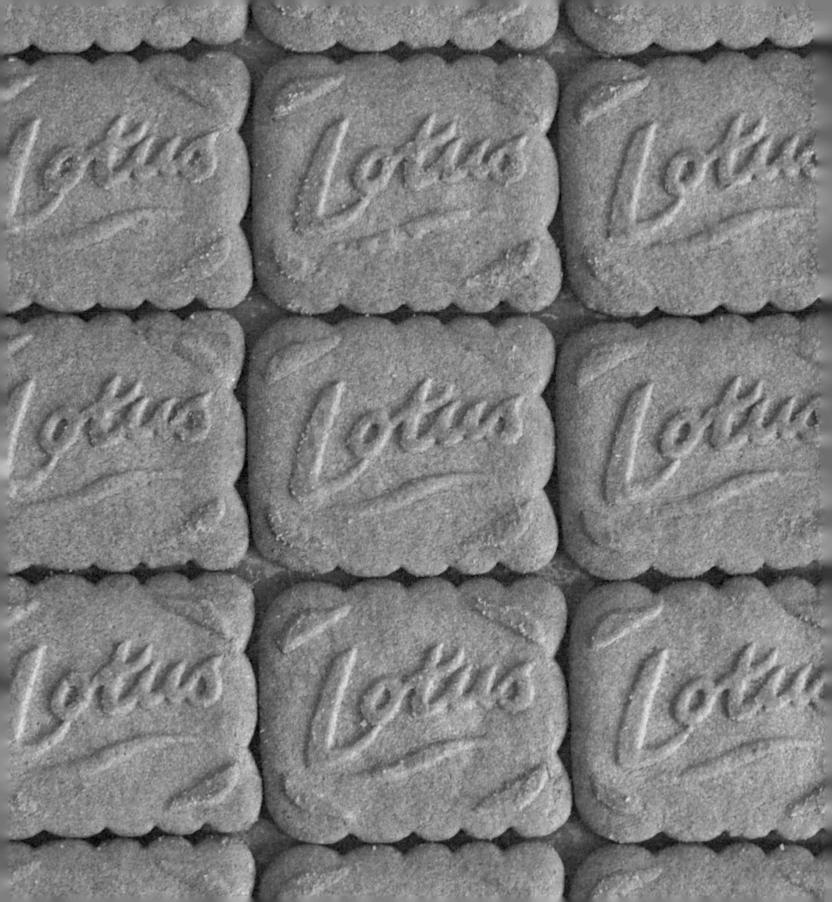
Lotus
Lotus
Lotus